고독의 틈새로
희망이 스며드네

고독의 틈새로 희망이 스며드네

신숙희 시집

다산글방

| 시인의 말 |

지나온 풍경이 문득 떠오릅니다.

떠나 보낸 사람의 본모습이 가슴에 와닿고
흘려보낸 시간의 발자취가 되살아납니다.

오래 품어 왔던 일기장을 꺼내어
소망과 아쉬움의 범벅인 제 젊은 날을 돌아보았습니다.

저의 부족함과 힘듦을 고백하며 써 내려간 글은
적막한 마음 못자리에 희망의 싹을 틔웠습니다.
후회와 참회의 토양을 뚫고 변화와 성장의 잎이 돋아났습니다.

"그대가 어떤 것에 대해 깊이 생각하면
그대는 그것과 하나가 된다."

저는 요즘 행복한 얼굴들을 여기저기서 눈여겨봅니다.
행복의 모습을 바라보기 위해 가슴속 등불을 밝혀 봅니다.
불빛 너머 내면의 속삭임도 들어 봅니다.

"나이가 들어가더라도
생의 끝 날까지 아름답게 조각되어질
싱싱한 나무가 되렴."

주저함의 껍데기를 벗고 속 알맹이까지 부딪치며
세상과 소통하는 보람을 안겨 주신
모든 분들께 진심을 담아 감사드립니다.

2025년 2월

신숙희

| 추천사 |

고통의 우물에서 길어 올린 빛

삶이 담긴 글의 힘

살아온 삶이 담긴 글에는 힘이 있다. 그 힘은 글의 기교나 능숙함 등과 상관없이 독자의 마음에 와닿고 마음을 움직이기에 충분하다. 우리는 글을 통해 작가와 교감을 나누며 그 힘에 담긴 진실을 느끼게 된다.

신숙희의 시에서 독자가 느낄 수 있는 것은 그러한 교감이다. 신작 시집 『고독의 틈새로 희망이 스며드네』에서 시인은 자신의 상실을 담담하게 되짚는다. 아들을 먼저 보낸 참척의 기억은 시인의 마음속 깊은 상처로 남아 있다. 다 키운 아이를 잃은 어머니의 마음은 깊디깊은 고통의 우물 속으로 빠져들 수밖에 없다. 기억들은 빛 바래지 않고 계속 새로운 아픔으로 다가와 어미의 마음을 찢는다.

시인은 '그리움의 날들을 / 자책으로 짜깁기하여' '종일토록 찢기는' 시간들을 견뎌간다(시 「찢기움」). 고통의 맛이 더욱 쓰라린 것은 그 속에 자책감이 섞였기 때문이다. '내 사랑하는 아이를 / 죽음의 골짜기로 보낸 / 죄인으로 살아 온 내가'라는 토로는 아무리 시간이 흘러도 자식에 대한 애통함이 사라지지 않는다는 사실을 실감케 만든다. 담담한 토로보다 '날이 환해지면 / 일상을 / 살아가지만 / 밤이 오면 / 무얼 위해 써 버린 하루였나 / 분간할 수 없다' 같은 솔직한 고백이 더욱 읽는 이의 마음을 울린다(시 「소명」).

고통의 시간 끝에 붙잡은 희망

그러나 시인은 그저 절망의 심연에 가라앉아 있지만은 않는다. '밀려갔다 쫓겨갔다 하면서 / 세월을 보내 왔다'(시 「풋말」)고 말하지만, 시인은 '나는 나를 끌고 / 나아가야 한다'고 스스로에게 다짐한다. 시인은 '내 몸이 부서져 가루가 되어도 / 쓸데가 있으리'라고 생각하며 자신을 아끼고 담금질한다(시 「힘을 내자」). 이 고통의 시간들이 담금질되어 시집 『고독의 틈새로 희망이 스며드네』로 탄생했다.

    시인이 긴 고통의 시간들을 통과하며 붙잡은 것은 결국 희망이다. 시인은 고통의 터널 속에서 '이 끝남이 / 다시 처음으로 이어지는' 길임을 깨닫고 이 깨달음을 잘 간직하고자 한다(시「깨달음」). 마침내 시인은 '내가 처한 상황이 / 최고 행복임을' 느끼며 자신이 자신의 삶 전체에 두루 퍼져 있는 행복의 존재를 제대로 알지 못했다고 말한다(시「파랑새」). 삶은 결코 기쁘지만도, 또 슬프지만도 않다는 진리를 시인은 차분한 어조로 이야기한다. 깊은 고통의 우물에서 길어 올린 이 깨달음의 언어는 듣는 이의 귀에 맑은 종소리처럼 울린다.

    이제 시인은 자신의 살아온 날들을 되돌아보며 '막바지 환한 길을' 두 팔 벌려 맞아 보고자 한다(시「쓴맛과 단맛」). 노년을 맞는 시인은 인생의 작업에 정도가 있는지 물으며 화합을 체득하게끔 하는 절대자의 따스한 배려를 느낀다. 시인은 절대자의 존재를 실감하며 자신과 먼저 떠난 아들을 이어 주는 절대적인 힘을 실감하고 그 힘에 의지해 고통의 무게를 조금씩 덜어낸다.

강하고 맑고 따스한 시어가 전하는 위로

    쉬운 삶이란 없다. 누구에게나 삶은 어렵고 고단하며 풀기 어려운 문제일 수밖에 없다. 그러나 많은 삶의 모습들 중에서도 절망과 고통의 밑바닥까지 내려가 본 이의 토로는 더욱 절실하다. 시인은 한 발자국씩 고통에서 벗어나며 새로운 생명을 느끼고, 자신을 붙들어 주는 절대자의 존재를 실감하며 그 속을 더듬어 안식과 위안을 찾아간다.

    『고독의 틈새로 희망이 스며드네』를 통해 우리는 시인의 온화한 성품을 알 수 있다. 그 온화함으로 시인은 스스로를 다독이고, 시를 읽는 사람의 마음도 함께 다독여 준다. 다독임의 손길에는 고통을 겪었던 자의 슬픔과 끝없는 슬픔의 파도를 이겨 나간 강인함이 함께 담겨 있는 듯하다. 치유하기 어려운 상처를 마침내 이겨 낸 시인의 언어는 그래서 강하고 맑으며, 또 한없이 따스하다.

전원경 | 예술 전문 작가, 세종사이버대학 교수

| 차례 |

시인의 말 ------ 4
추천사 ------ 6

진심

진심 ------ 14
어리광 ------ 16
사랑의 방법 ------ 18
어머니의 유산 ------ 20
아들과 나 ------ 22
넋 ------ 24
마음 우물 ------ 26
까치 ------ 28
감정의 벽 ------ 29
양심의 소리 ------ 30
재회 ------ 32
사고의 본질 ------ 34
순수한 언어 ------ 35
목련 ------ 36
벗 ------ 38
딸의 결혼식 ------ 40
창조 ------ 42
늦게 깨달은 자 ------ 43
귀한 삶 ------ 44
혼자 가야 할 길 ------ 46

희망

새날	50
희망	52
잘 산다는 것	54
한판 승부	55
새로움	56
라일락 향기	58
찢기움	60
깨우침	62
농구 경기	63
한풀이 춤	64
풋말	66
발돋움	67
인간의 욕망	68
소명	70
힘을 내자	72
발자욱	73
나답게	74
생동감	76
승리	77
설렘	78
그대	80
파랑새	82

위안

마음의 여유	86
고독	88
쓴맛과 단맛	90
자기 신뢰	91
빗소리	92
인생의 의미	94
몸과 마음	95
나와 나의 만남	97
미움	98
생명	99
삶의 향취	100
수수한 행복	101
노년	102
당당한 구석	104
인생 과업	105
알맞은 온도	106
계절의 변화	108

확신

말씀	------ 112
힘든 길	------ 114
성체	------ 116
아침 기도	------ 118
확신	------ 120
옛길	------ 122
양심의 샘물	------ 124
나를 살리신 분	------ 125
묵주	------ 126
그분을 만나는 통로	------ 128
감추어진 보석	------ 130
하얀 미소	------ 132
고백	------ 134
기도의 본뜻	------ 136
그분과의 일치	------ 138
섭리	------ 139
무지개	------ 140
성경	------ 142
당신의 실존	------ 144
나의 순례	------ 145
장미 송이	------ 146
책 끝에	------ 150

진심

진심

동생이 머물다 간 빈자리에
허전함이 밀물처럼 차오른다

허기지게 살아온 세월의
메움질이 허술하여

내 삶의 정거장은
간이역처럼 고즈넉했나

진심의 한 구절을
공유한 우리들

가까이 벗하며
다정하고자 하는데

소통의 공간은 빠듯하고
일상은 하릴없이 흐르고

천연덕스레 노닥거림을 나누던 시절이
그립고나.

어리광

예전 아버지 목소리가
내 안을 맴돌고

아버지가 견디신 우여곡절이
가슴에 흘러넘친다

아버지가 내게 하셨던 언약을
다시 듣고 싶고

이렇게 묵묵히 흐른
세월인데도

눈에 보일 듯한 아버지 미소가
한가득 퍼져 나간다

삶을
살아가는 데는

변하는 것과
불변하는 것이 있는데

부모에 대한 생각은
이제껏 이어지고

행과 불행의
생의 굴곡 앞에서
투정도
부려 보다가

숨겨둔 고맙단 말도
전해 보다가

혼자
어리광을 피워 본다.

사랑의 방법

긴장 어린 기다림과
나란히

생각이
꼬리에 꼬리를 무는구나

상아, 오늘 오후에
네 동생이 약혼을 하게 되었어

너의 간청으로 살펴주시는
그분 덕으로

모든 게 순탄하게 이루어짐을
알겠더라

어려운 듯 해결되어
안심을 주시는

그분 특유의 방법
말이다

축복된 일을 앞두고
든든함이 되어 줄 네가 곁에 없음을

슬픔이 아닌 감정으로
승화하려 애쓴 날들이

이 순간
봇물처럼 터져 버린다

내 사랑 대부분을 가지고
하늘로 떠나면서도

사랑의 방법을 내게 남겨 놓은
뜻 모를 너의 소행 덕분에

엄만 다른 이들을 돌보며
바삐 지내고 있나 보다.

어머니의 유산

문방사우와 들꽃을
가장 좋은 친구로 여겼던

어머니를
나는 많이 닮았네

글쓰는 취미가 있는 사람은
유난히 생각이 많은데

복작거리는 사람들
속에 있어도

만족할 만한 제목이
내 머릿속에서 나와야 함은

찬 기운을 스스로 안고 다니는
이치가 되네

신의 안배를 체험하며
고민 뭉치는 풀려가고

내 혼을 어루만지는
님의 손길은

스산한 새벽 공기를
훈훈하게 덥혀 주시네

어머니의 유산은
내게 축복이었네.

아들과 나

알찬 알맹이의
메아리 되어

내 가슴에 돌아와
맺히는 얼굴

흐뭇한 표정을
읽을 수 있는

영혼과 영혼의
맞대면

꿈인가 싶어
방황하던 순간을

사려 깊은 다독임으로
일깨워 주는 이

숭이와 나는

신뢰의 연못 속에서
헤엄쳐 노니는

아들과 엄마
물고기.

넋

아들의 10주기 기일

남은 자와 떠난 자의
간격은
갈수록 멀어지고

먹고 마시고 떠들면서

나는
현실 자각을 모르는 인간으로
지내 왔다

오늘처럼

생생한 환상으로
몸부림칠 수 있음이
오히려 옳은 모양새일까

우리 안에서 넋을 빼면 뭐가 남을까

유난히 빛깔 고운 꽃을
넉넉히 골랐는데도
단골집 주인아저씨는 싼값을 부른다

10년 전 그날

내 몸에서
힘 있는 물질들이
모두 빠져나가고

희로애락과
진선미의 배열을
새로이 해야 했던 날.

마음 우물

부모의 애틋함과 안쓰러움을
한 몸에 받아

제 몫을 해내는
막내의 열 번째 생일날

하루 종일 마음 가득
정을 길어 올려

끊임없이
펌프질을 하였더니

아이를 쳐다보는
마음 우물에

대견함이
새록새록 생겨나네.

까치

담북장을 메주 빻아 끓이고
동치미를 시원스레 담그는

그때
창밖에서 까치가 우네

애타게 기다리는 사람은
못 올 곳에 있는데

저 대신 누구라도 보내어
가엾은 어미 위로받게 하려나

누가 온다 해도
너만 못하리

너를 만나
반가이 노닐

공상 속 보금자리로
오려므나

그곳엔
유채꽃이 노랗게 피어 있으리니.

감정의 벽

나는 진솔한 정을 주지 않는
인간관계에 낙담할 때가 있다

자랑스럽게 여기는 당신이
많이 닮고 싶은 당신이

내면의 말을
함께 나누고픈 당신이

의례적인 겉치레로
나를 대할 때

고이 쌓은 기대의 성이
와르르 무너지는 느낌이 든다

감정의 벽이 추상 같음을 넘어
겨울 빙하 같을 때

나와 당신의
외로운 삶을 확인한다.

양심의 소리

생각과 행동을
마구 흐르게 두지 말고

잘 헤아려 '대중해서'
꼭 맞게 챙겨라

대중해서
음식을 고르게 먹고

말할 때도
대중해서 적절한 표현을 찾고

남의 얘기를 들어도
대중해서 신중히 행동해라

은은한 양심의 소리
마음 깊은 곳의

꿈에 그리던
할아버지 음성이

나지막이
들려오는 밤이다.

재회

가슴 울렁거림으로
만날 때마다 말문이 막혔던

외숙부와의 시간은
영영 사라져 버렸습니다

애잔한 연민으로
짧은 생을 살다 간 여동생을 그리워했던

한 남자의 진심이
흙 속으로 묻히고

행운이 들어 있는 상자가
머리맡에 없는 현실을 안타까워했던

그의
굳게 다문 입술은

결코 우리를 슬프게 하지 않으려는
의지였습니다

내 고뇌가
보이지 않는 답이 되어

진홍빛으로
고향 길가의 봉숭아 꽃잎을 물들이는데

재회가 있거든
가셔서 기다리소서

한아름 반가움의 꽃다발 안고 갈
우리들 만남을.

사고의 본질

아이야

생각이란
뚜렷할수록 속이 여물 터이니

한숨 섞인 잡념에서
빠져나와

지식과 지혜를
한데 모으렴

사고의 본질이란
흩어지면 건질 수 없을 터이니

올망졸망 주저리를 꺾어
조랑조랑 꾸러미로 엮어

한 줌 손아귀에
넣어 두렴.

순수한 언어

세찬 빗줄기로 씻기운 대지는
정갈하고

하늘은
말갛게 씻은 얼굴이 산뜻하네요

아이들 등굣길이
참새처럼 즐겁기를

오늘 하루가
꿀벌처럼 보람 있기를

저희가
동심이 되어 떠올리는

순수한
청함의 언어를

어여삐
들어주소서.

목련

앞뜰 모퉁이에
동그마니 서 있는
목련처럼

우직하게
자기 일에 충실하기를
원합니다

흐드러진 꽃이
거목의 줄기를
가리울 만큼

하늘 가득
피어 있는 모습에
가슴 뭉클해집니다

바쁘다며
눈길 한번
주지 못한 사이

제 할 일을
저리 소신껏 해내었구나
숙연해집니다

자연은
신의 교훈인가
싶습니다.

벗

신의 인연 맺음이
그분의 뜻으로 끝을 맺고

선하고 온화한 벗이
생과 사의 경계를 넘어

높은 곳으로
돌아갔다

내게
진심 어린 헤어짐의 인사말을

수수께끼처럼 남기고
이별을 고하는 순간

더 깊은 세상에서의 조율이
시작된다

우리는
헤어져서 살아도 봐야 한다.

딸의 결혼식

섭섭함이 크지 않냐는
인사말은

마음에
닿지 않고

기품 있는
혼인 예식에는

신의 축복이
아낌없이 내리고

딸의 손을 잡은
아버지의 살뜰한 보살핌은

웨딩마치에 실려
딸의 마음으로 전달된다

당신을 추앙하는 삶은
그 자체로 성인의 것이며

미비한 삶에서 허덕이는
우리를 위해

늘 함께 계신
당신을 찬미하나이다.

창조

사람은 피조물이면서도
창조의 본능을
타고났는지도 모른다

여행을 꿈꾸는 계절
썰렁한 바람이
마음의 문을 두드리면

나도 모르게
내 안의 것들을 하나하나 펼치어
작은 일화부터 적어 내려간다

삶의 여울목을 건너기에
무척 힘들었던 때
밤마다 일기장을 펼쳐 놓고

짙은 안갯속
내 가야 할 길을
열심히 찾아다녔다.

늦게 깨달은 자

삶의 의욕은
해낸다는 적극성과 닿고

해내기 위한
힘듦은

결국 보약만큼이나
활기를 가져다주겠지만

참아야 하는 동안은
씁쓸할 터인데

내 아이가
해내는 자 될 때까지

끝까지 기다려 주는
너그러움과

늦게 깨달은 자를
더 소중히 여기는 참사랑이

필요하지
않을까.

귀한 삶

귀한 삶을 살았다는 증거를
우리는 어떻게 표현해 낼까?

현실의 결과로
승패를 가려낼 수 있을까?

한 사람을 이루는 바탕에서
더 큰 가치를 찾을 순 없을까?

누구에게든
무엇에게도

우리는
비굴하지 않아야 하고

치사하지도
치우치지도 않아야 한다

폭풍이
몰아치더라도

자신의 본분을
잊어서는 안 된다.

혼자 가야 할 길

나는
야단스런 보호 대신

내 아이가 스스로
집에 오도록 하리라

가파른 언덕배기를
부지런히 오르면서

청명한 가을 하늘을
힘차다고 느낄 것이며

맑은 공기를
한껏 들이마시며

영롱한 앞날을
꿈꿀 수 있을 것이다

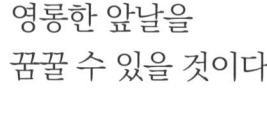

아이는
상상의 날개를 달고

귀갓길을
혼자 걸어 보며

인생길을
씩씩하게 걸어가야 함을
자연스레
알게 되리라.

희망

새날

새날을 누리고 사는 사람은
행복한데

새날을 만들고자 하는 사람은
행복을 모른다

기계음에 풍덩 빠져
소리의 여운에 취해

젖은 숨 감춰가며
붉은 실 올올이 이어

새날을 명명하여
나의 소유로 삼아 볼까

아픈 상처
걷어 내어

만방에 펄럭이는
깃발로 쓰려는데

언젠가 깨어나면
잔잔한 수면 위로

새날이
정리되어 있을 터이다

모든 이에게
활짝 피어난 미소로 응수해야 한단다.

희망

미완성의 존재로

미지수인 세상을 대하며

자신과 타인을 반반 섞어

타협을 이루는 현실이라면

불운의 시대가 이어짐을 한탄하기보다

위기에 봉착한 내 사고에

새로운 생각을 짓고

희망의 알을 품을 수 있다면

내 억눌린 감정들이

아지랑이 솟아오르듯

다시 살아봄직한 봄기운 속으로

녹아들지 않을까.

잘 산다는 것

개미처럼 열성껏 뛰어다닌
자취를 남겨야

잘 살아온 사람이
되는 게다

한 가지 일을
하고 또 하며

정성이 덕지덕지 붙은
문패를 남겨야

내게 주어진 자리를
멋지게 지킨 이 되는 게다.

한판 승부

한판 승부에는
밀고 당기는
묘미가 있다

오전엔 지인과
힘겨운 입씨름으로
으싸으싸 한판 승부

점심 먹고
남편은 일터로 나는 장터로
진땀 나는 한판 승부

한판 승부에는
찰나에 뺏고 빼앗기는
서글픈 현실이 들어 있다.

새로움

우리는
나태해져 의욕이 나지 않을 때

종종
새로움을 동경합니다

일단
새 환경이 주어지기만 하면

바로
커다란 일을 성취시켜

누구든
볼 수 있는 곳에

보란 듯이
걸어 두리라 다짐합니다

오늘은
올해의 끝자락

새 소원 목록과
새 일기장을 마련해 두니

이미 반쯤 이룬
뿌듯한 내가 되어

당당히
거리를 활보하고 싶어집니다.

라일락 향기

라일락을 꺾어다가
방에 넣어 두었더니

아침 내내 꽃향기가
온 집 안을 메웠더라

연보라색 청순함이
꽃잎마다 묻어나와

고운 내음 진동하니
머릿속이 환하더라

감긴 눈 떠지고
닫힌 맘 열리고

꽃바람 타고
노랑나비 따라

날고 또
날아보리라.

찢기움

깨달음은
찢기움과 함께 온다

어리석은 세월을
아픔으로 이음새 하고

그리움의 날들을
자책으로 짜깁기하여

자꾸자꾸
찢어라

갈래갈래
찢기운 가슴으로

내친 김에
새 노트를 흠뻑 적셔

하나 가득
뉘우침의 흔적을 남겨라

나는
오늘도

종일토록
찢기었네.

깨우침

많이 이겨 내어
장하고

많이 터득하여
감사하고

많이 시도하여
성장할 수 있었던

한 해를 보내며

이 끝남이
다시 처음으로 이어지는

깨우침을
소중히 간직하겠습니다.

농구 경기

농구 경기를
보노라면

생의 암투가
겉으로 드러나는 것 같다

방어하거나 공격하려고 내젓는
손짓 몸짓은

술책의 끈들의
무수한 뒤엉킴 같다

혼자서
은밀히 노력하고

성과가 서서히 드러나는
삶의 모습을

나는
좋아하나 보다.

한풀이 춤

선조들은
세습 신분제나 남존여비의

고약한 일을
소산으로 남겼고

사회의 발달에 따른
새로운 형태의 악이 연이어 생겨났는데

거대한 세력의 악습은
또다시 사람들에게 한을 심는다

한 억울한 죽음의
장례식장에서

우연히
한풀이 춤을 보다가

나도 함께 따라 추고픈 충동이
강렬하게 엄습해 온다

똘똘 뭉친
얽히고설킨 마음을

옭매듭처럼
풀어헤치고 싶다.

푯말

분별의 눈으로
매사를 보면 좋겠는데

진리를 대면하는 시점엔
정확한 푯말이 없어

밀려갔다 쫓겨 왔다 하면서
세월을 보내 왔다

나와의
정면 승부를 위해

힘겹게 찾은
아슬아슬한 좁은 입구를

거추장스런 치장 걷어 내고
곧장 파내려 가자

그저
한 곳만 바라보면서.

발돋움

끊임없이 변하라는
내면의 꿈틀거림이

내 삶을
지루하게 놔두지 않으려는

역동적 힘으로
옆구리를 찔러 댄다

안간힘의
발돋움이

진심 어린
질문 되어

얼른 나에게
말을 건네 온다

넌 무얼 원하니?
이제 깨어나렴.

인간의 욕망

우리는

평탄한 길을
편안히 걷고 싶단
소망이 이루어지면

슬그머니

있는 힘껏 높이 도약해서
더더욱 성취하고픈 열정에
사로잡힌다

인간의 욕망에
과연
끝이 있는 걸까.

소명

주홍 글씨의 주인공 헤스터가
간통이란
멍에를 지고

현실 괴로움 속
소외된 이들에게
가까이 갈 수 있었다면

표식으로 달고 다니는 단어가
결코
우연이 아니고

어떠한 소명과
결부되어 있는
것이라면

내 사랑하는 아이를
죽음의 골짜기로 보낸
죄인으로 살아온 내가

뜻있는 일을 위해
뛰어야 할 영역이 어디인가
찾고 싶게 한다

날이 환해지면
일상을
살아가지만

밤이 오면
무얼 위해 써 버린 하루였나
분간할 수 없다

그리고
소명의 삶은
하루가 더 지연된다.

힘을 내자

영치기
영차

나는 나를 끌고
나아가야 한다

스스로를 지탱하기 위해
힘을 내야 한다

나에게
굴레를 씌운 이는

나를 절구통 삼아
쿵덕쿵덕 절구질을 해댄다

내 몸이 부서져 가루가 되어도
쓸데가 있으리

고운 가루 한데 모아 정성스레 뭉치면
보람된 날도 있으리

쓰여질 곳 있는
내 육신을

고이
간직하리라.

발자욱

이러쿵 저러쿵
변명의 조각들 버무려

못다 한 책임
내일로 미루지만

늦춘다고 될 일인가
한정된 날을

삶의 순서를
누가 정하리

승승장구 꿈꾸며
오늘도 살아 냈지만

도도히 흐르는 세상 이치
깊숙이 살피어

내게 어울리는 발자욱
남기어 보리.

나답게

가을이
가을답게
다가온다는 건

나도
나답게
계절을 맞이해야 한다는 것

따가운 햇볕은
알이 꽉 찬 열매를

농익은 색깔로
익혀 내고

가을 하늘은
성취감 떨치며

서슬 퍼레
고고한데

나의 사색은
벼와 더불어 익어 가고

나의 언어는
단풍잎 따라 색색이 물들어 가리.

생동감

살아 있다는 것은
움직임을 뜻한다

자유롭게
활동함으로써

생활이 발전되고
삶이 향상된다

자신감 넘치고
열정적인 이들은

경쾌한 동작을 통해
힘을 얻는데

움츠러드는 몸을
흔들어 보고

흐트러진 마음도
일깨워 보자

생기 충만한 나는
신명 나는 춤을 춘다.

승리

글을 쓰고 싶지 않은
기분으로

하얀 벗 앞에
하염없이 앉아 있다

마음은 침체되고
생각은 뿔뿔이 흩어지고

막막함이 온몸을 뒤덮는 순간
들리는 음성

한 가지를 이겨 승리하면
다른 것까지 물리칠 수 있단다

걱정거리를 낱낱이 모아
맞붙어 격투라도 해 볼까브다

이대로
멈출 순 없잖아.

설렘

5월의 마지막 날

봄이 잠들며
깨어나는 여름

파릇한 설레임
고개 내밀 때

나의 묵은 버릇
하나
지워졌으면

나의 묵은 바람
하나
채워졌으면.

그대

구깃구깃
가방 한 구석에
구겨 넣고 싶던
부끄러운 하루가

그대를 떠올린 순간
지붕 꼭대기 위에
올려놓고 싶은
선물이 됩니다

그대는
메마른 내 삶에
'더 힘내자'
의욕을 지펴 주고

그대의 다가옴은
가라앉는 내 맘에
'재밌게 지내자'
응원을 보냅니다

그대 이름은 '죽음'

나를 의미 있는 시간으로 이끌고
나를 나답게 지내도록 돕는
고마운 친구랍니다.

파랑새

주간 소식지의 파랑새 이야기는
내 눈을 사로잡고

내가 처한 상황이
최고 행복임을 일깨워 주었다

그동안 내 삶 전체의 행복을
두루 헤아리지 않고

자의적으로 정한 몇몇 영역만을
욕심내어 바라봤기에

그분이 계획하신
행복의 참뜻을 알지 못했다

갈팡질팡하여
겉치레 행복을 쫓아다녔기에

내 안에 오롯이 박혀 있는
진짜 행복을 볼 수 없었다.

위안

마음의 여유

나는
좋은 것만을
내 것으로 택하려네

짐짓
까다로운 헤아림으로
사고를 흩뜨려 온 시간과

불행을
뱉어내 버리지 못해 온
습관을 뒤로 하고

매서운 한겨울 오후에 마주한
한줄기 따사로운 햇살은
귀한 삶의 고백이리라

마음의 여유는
짧은 순간을
엿가락처럼 늘릴 수 있어

어떤 일이든
순리대로
갈무리할 수 있게 하네

내 삶 자체가
고해성사 되어
갈등을 풀어낸 채

나는
이제부터
천국을 드나드려네.

고독

안온하게 지내기엔
혼자 있는 것이 적당하네

실마리가 안 풀릴 때
갖은 번민으로 부대낄 때

고독한 가운데
나를 구슬려 가며

자문자답 하는 게
상담역으로도 으뜸이네

말은 하고 난 후가 문제이고
뒷수습은 낭패가 되기 쉬운데

침묵과 사색으로
나를 개방하여

내면의 욱실이
마땅한 생각들로 채워지니

근심의 틈새로
기쁨이 스며드네.

쓴맛과 단맛

고불고불 외길은
젊은 시절 호기심길

이젠 시원한 신작로에
다다른 나이인가요

안도의 한숨 속에
젊어 고생 실어 보내고

막바지 환한 길을
두 팔 벌려 맞아 볼까요

인생길에서

쓴 것이 다하면
단 것이 온다는데

쓴맛은
얼마나 더 봐야 하고

단맛은
언제나 볼 수 있나요?

자기 신뢰

주말이 되면
쉼이 있어 좋다가도

일주일이 또 가 버렸구나
허탈한 감정이 일고

힘껏 뛰었던 시간과의 이별이란
느낌이 듭니다

작고 큰 일상사를
끝낼 때마다

만족스런 대가가 주어진다면
아쉬움이 덜할까요?

오늘이 잘 마무리되었다는
자기 신뢰로

더 좋은 내일이 오고 있음을
기대하기로 합니다.

빗소리

빗소리에도
음율이 있네

정적을 깨고
율동하는 비

고르지 않은 음율은
상념을 삼키고

흐르는 빗방울은
오해를 씻어 내리네

흔들리는 생각에서
깨어나라 속삭이나

촉촉한 공기는
뿜어져 나오는 분수되어

목마른 이들을
진하게 유혹하네

갈증은
네 것이 아니라고.

인생의 의미

처얼처얼 넘치는 강물처럼
가득가득 사랑을 채우고 있다면

인생의 의미는
내 것일 테고

삶의 진가를
지불받았다 할 수 있으리

더미더미 인내의 그릇을
꾸역꾸역 맘 안에 쌓고 있다면

한결같은 진실
맨 속으로 남을 테고

삶의 속살을
느꼈다 할 수 있으리.

몸과 마음

마음이
몸의 상태를 따라가는가

몸이
마음의 모양을 닮아 가는가

얼마 전만 해도
마음이 호기롭고 빛났는데

근래에는 몸도 자주 피곤하고
마음도 지쳐간다

본래에로의 귀소는
과연 무엇인지

나를 떠났다가 돌아온 희망이
머물 곳이 있을런지 씁쓸하다

몸과 마음은
서로 등대고 붙어 앉아

좋고 나쁨을
함께 나누는 모양이다.

나와 나의 만남

마음 닿는 길을
따라 걷는 나를

그냥 그대로
내버려두자

역경이 끝나는 날

활기차고 유쾌했던
옛 모습으로 돌아가

나를 반기는 이들과
어제 본 듯 어울려 보자

인고의 문이 닫히는 날

손에 든 것 내려놓고
지친 심신 위로하며

예전의 나와 현재의 내가
홀가분히 만나 보자.

미움

당신께
비올 게 있나이다

제 좁다란 사고를
넓혀 주소서

쉽게
편견과 섭섭함에 사로잡히고

그 빈도가 잦으며
상처가 큽니다

미움이 급히 뿌리내리고
순식간에 뻗어 나갑니다

제가
무력하게 굴복하기 전에

분노를 덮고
그냥 지나치게 해 주소서

당신의 자비로움에
온전히 기대어

제 괴로움과 허물
모두 맡겨 드리나이다.

생명

흔들흔들 흥겨운 잎사귀
반들반들 빛을 낼 때

귀하고 신비로운 얻음
풍성한 수확이 세상을 다스리네

생명을
이어가는 법은

창조자에게서 흘러나온
한가닥 교훈의 맥을 타고

삶을
유지하는 것

가끔씩 오르는 뒷산에서도
한 줌 흙 속에 들어 있을

기적 같은 생명력에
귀 기울여 본다네.

삶의 향취

이른 아침에 마시는
따뜻한 차 한 잔은

어제의 노여움도
오늘의 실망감도 감싸안으며

삶의 향취를
습득해 간다

한 모금 꿀꺽
인연과의 불신을 녹여 내리고

한 모금 꿀꺽
모순에 휩싸인 감정을 다지고

다짐은
쉬이 해서는 안 되고

자꾸 해서는
이룰 수 없다지만

사랑해야 할 운명들과
다투지 말고

푸근하게 보듬어
그들을 거두기로 하자.

수수한 행복

나는
수수한 행복을 누리려고
애써 왔다

화려한 쾌락을 갈망하는 이는
수수함을
무미건조하게 여기지만

수수한 행복은
겸손에 곁을 주고
분수를 지키며

은근한 행복을
오래 지속하리란
염원을 노래하고 있다

나는 날마다
소소한 기쁨과 손잡고
수수한 행복을 마중 나간다.

노년

내 나이 노년에 이르러
의지를 붙들어 보는데

답답함을 이길
힘이 줄어들고

너울너울
편함을 찾아가네

눈 코 입 손 발
제각각 아직 열심이건만

생각 하나만
헛길을 꿈꾸기 일쑤이니

'정신을 차리자구'
겸연쩍게 웃어 보네.

당당한 구석

나를 지탱하는
방법으로

의지를 사용하던 날들은
젊디젊은 때였고

패기 하나로도
자신만만했다

이제
젊은 태양은 석양으로 기울어

달 그림자 곧 떠오를
시점에서

아쉬움 여러 개가
피어오른다

최선을 다한 모습은
당당한 것이어야 함을 새기며

눌린 가슴
여기저기를 쓰레질한다.

인생 과업

지난날을
바라보며

내가 행복했는가
살며시 물어봅니다

인생의 작업에
정도가 있는 것인지?

경험은 기억으로 아로새겨져
그것을 되뇌이니

내 인생 과업은
생각나기로 귀결됩니다

생각 속에서
뭣이든 이뤄지고

생각 안에선
인간다운 인간이

쉬이
만들어집니다.

알맞은 온도

온기도 냉기도 아닌
알맞은 온도가

우리 몸과 맘을
편안케 하고

싱그러운 풀숲
일선사에 오르는 우리는

살짝 허기진 속을
찰떡과 웃음으로 채우네

사람의 향기를
진정 알게 하시고

끼리끼리 모여
화합을 체득케 하시니

그분의 배려
따습고 아늑하네.

계절의 변화

아직
실감나진 않지만

대추나무에서
반쯤 붉어진 열매를 따서

맛을 보니
가을이구나……

계절의 변화는
깊은 맛을 통해서 오고

강렬한
색을 띠고서 오고

바스락
소리를 내면서도 온다.

확신

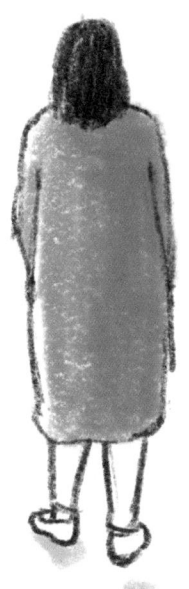

말씀

반복되는 게
죄의 본성이라
하는데

같은 시공간을
다시
배회하더라도

그분 말씀이 함께함으로써
생기는 평온을
나는 얻기로 하였다

위안과 충만함 감도는
그분의 내재함을
깨달으며

병이란
육체에서나
정신에서나

질서의 흩어짐이란
동일한 형태로
오고 마는데

아마도 그분이
성서를
우리 영혼의 몸에다 판 박아

못 지우게
하신
모양이다.

힘든 길

드디어 남편이
예비자 교리를 접하게 되고

고된 시간을 넘겨 온 안타까움과
애끓는 기다림의 범벅

슬픔으로 우리에게 와닿아야 할
그분이 아니신데

난 상아를 잃고
그이는 동생을 떠나 보내고

그제야
십자가를 향할 수 있었나

왜 우리는
이리도 힘든 길을 통해야 했나

순순히 받아야 할
평안이여

그대로
저희에게 오소서.

성체

하루 동안
나의 삶이

주적주적
육신을 따라다녔고

허울 좋은 영혼은
유혹을 높이 받든 채

세속적인 초대엘랑
금방 수락하는 자

영원의 식탁 위
귀한 음식이 안 보였나

거양된 성체는
흰색으로 단장되어

붉음의 피가
곁들여지니

잘 조화된
고통의 신비여

두 손 깨끗이 씻고
받아 모시리니

내 안에서
쉬어 가시이다.

아침 기도

아침에 드리는 기도는
유난히
거칠 것 없이 맑습니다

시원한 바람이
감정을 덥지 않게
다스려 주기 때문인가요

당신을 향한
진심 어린 호소가
생생한 가운데

당신을 도구로 삼는
불순함이
뒤섞일 때

예전처럼
제 마음을
투명하게 하소서

저희는
두려울 것이
없어야 할 것입니다.

확신

성 금요일을 맞아

님의 심장에서
찢어지는 절규가 있은 후

고통이 멎어 버림을
묵상하는데

꺼짐과 교차되는
큰 불길을 통해

확신이란
두 글자가

뜨거운 한숨 되어
가슴에 타오른다

님의 품에
나를 묻고

죄에 물든 얼굴
닦아 보는데

확신이란
두 글자가

뜨거운 물줄기 되어
뺨을 타고 흐른다.

옛길

오늘도 온종일
옛길을 걸어 봅니다

과거를 훑는
기분은

희망스러웠던 날들에 대한
동경이

혹시 나를 지탱시켜 줄까 하는
기대입니다

어머니를 그토록 그리워해 온
내가

어머니께 드릴 기도문을
잊고 지낸 안타까움을

자상히 살피시는
온정의 눈길이시여

이제 다시
성모송을 읊으리이다.

양심의 샘물

그분의 속삭임은

은연중에
마음 바닥에서 솟아나는
양심의 샘물입니다

그분의 이야기는

지칠 줄 모르고
내면의 담을 타고 넘는
지혜의 덩굴입니다.

나를 살리신 분

영광의 발길로
뚜벅뚜벅 걸어오시는

당신을
뵙습니다

두 손 가지런히 모아
마음을 바치고저

엉거주춤 서 있는 제 몸
게처럼 빨갛게 달아

머리 쭈뼛한 열기에
휩싸입니다

나를 일으켜 세워
다시 살리신 분

당신의 체취에서
자애로운 사랑을 느끼며

당신의 온기로
여물어 가는 제 심상

하얀 물줄기 되어
유유히 흘러갑니다.

묵주

지인이 주신 묵주로
하루의 문을 열어 보네

문은
소리 없이 활짝 열리고

마음속은 자줏빛 단풍나무 되어
검붉게 이글거리네

내 받은 위로
낟가리로 쌓아 올린다면

층층계가 되어
하늘에 오를 수도 있겠네

묵주 알알에
은인들 얼굴 담아

드높이
띄워 보려네.

그분을 만나는 통로

우리는
주님이 오시리라는 걸 안다

그러나 그는
조금 늦으실 뿐이다……

끊임없이
노래 부르며

수용소에서 죽음을 마주한
유대인들을 생각한다

그들은 얼마나 절실하게
신의 존재를 느끼고

신을 만나는 통로를
찾아 헤매었을까

봉사도
기도도

그분을 만나는
모든 통로는

조용한 울림이
깃든 곳

주님은 은밀하게
우리 곁에 다가와 계신다.

감추어진 보석

그분이
말없이 깨우쳐 주심에
귀 기울이면

그분의 존재는
공기처럼
우리에게 유익하고

묵유의 세계에
살게 된 걸
자랑스러워하게 된다

무거운 걸
들고 있는 사람은
가벼이 움직일 수 없고

감추어진 보석을 위해
참는 자의 옷을
입어야 하는데

부디
신심을 간직한 이들이
제 맘에 들어오게 하시고

옳음의 고리로
그들을 붙들
용기를 주소서.

하얀 미소

온통 하얀 풍경은
황홀했습니다

태초의 원초적 세상을
보는 듯했습니다

자연의 완벽함은
무한한 힘을 안고 있고

산새들도
백색에 묻혀 고요했습니다

오늘처럼
빛으로 세상을 밝히신 그날

칠흑 같은 두려움을
뚫고 나오신 당신

아픔 속에서 지으시는
님의 하얀 미소가

순수와 연민을 싣고
제 마음을 파고듭니다.

고백

미사 중에 가슴을 쾅쾅 치며
"내 탓이오!"를 외치던 분의

고백의 모습을
기억합니다

무엇이
저렇게 답답할까

동정을 보냈던 저 자신을
이제 부끄러워합니다

욕심을 채우려 궁리했던
제 다급한 움직임은

초조만을
머리에 채우고

교만함이
덩어리로 엉클어져

마음 한편에 자리 잡고 있음을
깨닫습니다

최종의 득과 실은
훗날

정당한 심판관 앞에서
결론이 나겠지요.

기도의 본뜻

기도는

내 존재의 음미와
그분에 대한 찬미로 차오르는데

기도의 목적은 있으나
갑작스런 청탁일 수 없고

상큼한 수확을
기대할 수도 없다

거북 걸음처럼
작은 습관으로 이루어져

거북 생명처럼
항구하게 지속되는 게

기도의 본뜻이
아닌가 한다.

그분과의 일치

고통 속에서도
왜 삶을 기꺼이 살아야 하는지

행동으로
가르쳐 주신 분

내 안에 사시는 그분은
상징으로서가 아니라

차가운 현실에서
매 순간 마주하는 존재

따갑게 찔릴 때마다
내 전체가 슬픔이 되어

그분과의 일치를
꿈꿔 본다.

섭리

결정과 번복을 되풀이하는
인간 본성에 의한 선택이

그분의 영역임을
깨닫고

섭리에 승복하리라
마음먹는다

내 뜻대로
살지 말 것

그리고

내 뜻대로
살 수 없음을

알아가기로.

무지개

그분은 우리를
공정하게 대해 주셨고

어려움을
통해서라도

저마다 맞는 자리에
놓아 주셨네

가능할까 생각만 해 오던
봉사 시간들

아픔의 세월 딛고
성서 구절 묵상하며

무던히 지내 온 덕으로서의 얻음이
너무 크네

꾸밈없는 벗들과
성서의 정신을 나누던 순간이

내 인생의
찬란한 무지개가 되었네.

성경

아득히 깊은 은혜의 연못
그 끝을 헤아리기 힘든 곳

믿음 그득한 이가
편히 숨 쉴 수 있는 곳

그곳엔
아쉬움도 없고

다 함께 순수시를 읊는
공감의 공간

오묘하고 신비로워
쉬이 알지 못해도

나는 오늘도
성경을 들여다본다.

당신의 실존

당신은
왜 제게 오셨나요

당신은
누구신지

제 울고 웃는 맘
그 자체이신지

당신의 실존이
형상을 갖추고

병마와 싸우고
생을 추스르는

제게
홀연히 오셨나이다.

나의 순례

그분이 계심은
나의 첫 번째 위안이며

내 삶의
안정의 주춧돌

"강하고 담대하라"
일러 주신 말씀이

불안을 잠재우고
용기를 북돋아 주시니

내게
겁날 것은 없네

인간의 여정이 평탄치 않아서
오실 수밖에 없던 분이라면

평탄치 않은 나의 순례에도
반드시 그분을 동반해야 하네.

장미 송이

아들의 온화한 성품이 품어 내는
엷은 미소는

엄마를 열의 가득한 불꽃으로
만들어 줍니다

장미 송이송이가 맺힌
묵주의 끈은

아들과 엄마의
사랑의 끈

첫째 어머니는
성모님이시니

그분의 뜻에
아들의 뜻이

어우러지고
한마음 되어

주님의 나라로
들어갑니다.

고독의 틈새로
희망이 스며드네

| 책 끝에 |

"이제껏 들고 다닌 이 일기장들 어떻게 할까?
 나 가고 나면 네가 노트를 불태워 줄 수 있겠니?"

이사 가실 때면 늘 고이 챙기시던 일기장 꾸러미를 들고
엄마는 어쩔 줄 몰라 하셨습니다.
평생 벗인 그들과의 이별을 염두에 두고 계신 탓이었을까요.

엄마의 떨리는 목소리가 제 뇌리에 박힌 순간부터
일기장 속 시어들은 제게 말을 건네 왔습니다.

그들은 아련한 옛 추억을 펼쳐 놓기도 하고
세상살이의 서글픔을 토해 내기도 했습니다.

저는 그들과 더불어 숲길을 걷고
거친 장대비 소리도 함께 들었습니다.

그들은 제 안에 식어 있던 삶에의 열망을
뜨겁게 되살려 주었습니다.

엄마의 시는
인생이라는 긴 다리를 건너
삶과 죽음의 경계를 넘어

샛바람에 업히어
날마다 새벽을 몰고 옵니다.

엄마의 인생 이야기는
불꽃 속에서 한 줌 기억으로 몸을 사르는 대신
저희 일상 한가운데로 불어 들어왔습니다.

엄마의 정든 벗은
이제 저의 벗이 되어

꽃봉오리 피우는 참 희망을
저와 한 선율로 노래합니다.

딸 현수 올림

고독의 틈새로
희망이 스며드네

초판 발행 2025년 2월 20일

지은이 신숙희
기　획 권현수
편　집 이정임
그　림 이선미
디자인 아우르다_이현주
펴낸이 방성열
펴낸곳 다산글방

출판등록 제313-2003-00328호
주소 서울특별시 마포구 동교로 36
전화 02-338-3630
팩스 02-338-3690
이메일 dasanpublish@daum.net
　　　 iebookblog@naver.com
홈페이지 www.iebook.co.kr

ⓒ 신숙희, 2025, Printed in Korea
　 teresakwon70@gmail.com

ISBN 979-11-6078-339-1　03810

* 이 책은 저작권법에 의해 보호받는 저작물이며, 저자와 출판사의 서면 허락 없이
  내용의 전부 또는 일부를 인용하거나 발췌하는 것을 금합니다.
* 제본, 인쇄가 잘못되거나 파손된 책은 구입하신 곳에서 교환해 드립니다.
* 책값은 뒤표지에 있습니다.